49391

LE

LIVRE DE JADE

白 玉 詩 書

LE

LIVRE DE JADE

PAR

JUDITH WALTER

PARIS

ALPHONSE LEMERRE, ÉDITEUR

47, *Passage Choiseul*, 47

—

M.DCCC.LXVII

A

TIN-TUN-LING

Poëte chinois

CE LIVRE EST DÉDIÉ.

J. W.

Avril 1867.

LES AMOUREUX

黄 金 栁 葉 浮 水

LA FEUILLE DE SAULE

Selon Tchan-Tiou-Lin.

LA jeune femme qui rêve accoudée à sa fenêtre, je ne l'aime pas à cause de la maison somptueuse qu'elle possède au bord du Fleuve Jaune;

Mais je l'aime parce qu'elle a laissé tomber à l'eau une petite feuille de saule.

Je n'aime pas la brise de l'est parce qu'elle m'apporte le parfum des pêchers en fleurs qui blanchissent la Montagne Orientale;

Mais je l'aime parce qu'elle a poussé du côté de mon bateau la petite feuille de saule.

Et la petite feuille de saule, je ne l'aime pas parce qu'elle me rappelle le tendre printemps qui vient de refleurir;

Mais je l'aime parce que la jeune femme a écrit un nom dessus avec la pointe de son aiguille à broder, et que ce nom, c'est le mien.

L'OMBRE DES FEUILLES D'ORANGER

Selon Tin-Tun-Ling.

LA jeune fille qui travaille tout le jour dans sa chambre solitaire est doucement émue si elle entend tout à coup le son d'une flûte de jade ;

Et elle s'imagine qu'elle entend la voix d'un jeune garçon.

A travers le papier des fenêtres, l'ombre des feuilles d'oranger vient s'asseoir sur ses genoux;

Et elle s'imagine que quelqu'un a déchiré sa robe de soie.

AU BORD DE LA RIVIÈRE

Selon Li-Taï-Pé.

Des jeunes filles se sont approchées de la rivière ; elles s'enfoncent dans les touffes de nénuphars.

On ne les voit pas, mais on les entend rire, et le vent se parfume en traversant leurs vêtements.

Un jeune homme à cheval passe au bord de la rivière, tout près des jeunes filles.

L'une d'elles a senti son cœur battre et son visage a changé de couleur.

Mais les touffes de nénuphars l'enveloppent.

L'ÉPOUSE VERTUEUSE

lon Tchang-Tsi.

Tu m'offres deux perles brillantes; bien que je détourne la tête, mon cœur pâlit et s'émeut malgré moi.

Un instant je les pose sur ma robe, ces deux perles claires; la soie rouge leur donne des reflets rosés.

Que ne t'ai-je connu avant d'être mariée!
Mais éloigne-toi de moi, car j'appartiens à un
époux.

Au bord de mes cils, voici deux larmes
tremblantes ; ce sont tes perles que je te
rends.

LA FLEUR DE PÊCHER

Selon Tse-Tié.

J'ai cueilli une petite fleur de pêcher et je l'ai apportée à la jeune femme qui a les lèvres plus roses que les petites fleurs.

J'ai pris une hirondelle noire et je l'ai donnée à la jeune femme dont les sourcils ressemblent aux deux ailes d'une hirondelle noire.

Le lendemain la fleur était fanée, et l'oiseau s'était échappé par la fenêtre du côté de la Montagne Bleue où habite le Génie des fleurs de pêcher;

Mais les lèvres de la jeune femme étaient toujours aussi roses, et les ailes noires de ses yeux ne s'étaient pas envolées.

L'EMPEREUR

Selon Thou-Fou.

Sur un trône d'or neuf, le Fils du Ciel, éblouissant de pierreries, est assis au milieu des Mandarins; il semble un soleil environné d'étoiles.

Les Mandarins parlent gravement de graves choses; mais la pensée de l'Empereur s'est enfuie par la fenêtre ouverte.

Dans son pavillon de porcelaine, comme une fleur éclatante entourée de feuillage, l'Impératrice est assise au milieu de ses femmes.

Elle songe que son bien-aimé demeure trop longtemps au conseil, et, avec ennui, elle agite son éventail.

Une bouffée de parfums caresse le visage de l'Empereur.

« Ma bien-aimée d'un coup de son éventail m'envoie le parfum de sa bouche; » et l'Empereur, tout rayonnant de pierreries, marche vers le pavillon de porcelaine, laissant se regarder en silence les Mandarins étonnés.

LE PÊCHEUR

Selon Li-Taï-Pé.

LA terre a bu la neige et voici que l'on revoit les fleurs de prunier.

Les feuilles de saule ressemblent à de l'or neuf et le lac est pareil à un lac d'argent.

C'est le moment où les papillons poudrés de soufre appuient leurs têtes veloutées sur le cœur des fleurs.

Le pêcheur, de son bateau immobile, jette ses filets qui brisent la surface de l'eau.

Il pense à celle qui reste à la maison comme l'hirondelle dans son nid, à celle qu'il va bientôt aller revoir en lui portant la nourriture, comme le mâle de l'hirondelle.

CHANT DES OISEAUX, LE SOIR

Selon Li-Taï-Pé.

Au milieu du vent frais les oiseaux chantent gaiement sur les branches transversales.

Derrière les treillages de sa fenêtre, une jeune femme qui brode des fleurs brillantes sur une étoffe de soie écoute les oiseaux s'appeler joyeusement dans les arbres.

Elle relève sa tête et laisse tomber ses bras; sa pensée est partie vers celui qui est loin depuis longtemps.

« Les oiseaux savent se retrouver dans le feuillage; mais les larmes qui tombent des yeux des jeunes femmes comme la pluie d'orage ne rappellent pas les absents. »

Elle relève ses bras et laisse tomber sa tête sur son ouvrage.

« Je vais broder une pièce de vers parmi les fleurs de la robe que je lui destine, et peut-être les caractères lui diront-ils de revenir. »

LES PERLES DE JADE

Selon Tchan-Tiou-Lin.

J'AI' vu passer la première épouse du grand Mandarin Lo-Wang-Li; elle se promenait à cheval près du lac, dans l'allée où la lune blanchit les feuilles de saule.

En se promenant elle a laissé tomber de son cou quelques perles de jade; un homme qui se trouvait là les a ramassées et s'est enfui très-joyeux.

Mais moi, je n'ai pas ramassé de perles,
parce que je regardais seulement le beau visage de la jeune femme, plus blanc que la lune
dans les feuilles de saule, et je m'en suis allé
en pleurant.

LA FEUILLE SUR L'EAU

Selon Tché-Tsi.

Le vent a décroché une feuille de saule; elle est tombée légèrement dans le lac et s'est éloignée, balancée par les vagues.

Le temps a effacé de mon cœur un souvenir, un souvenir qui s'est lentement effacé.

Étendu au bord de l'eau, je regarde tristement la feuille de saule qui voyage loin de l'arbre penché.

Car depuis que j'ai oublié celle que j'aimais, je rêve tout le jour, tristement étendu au bord de l'eau.

Et mes yeux suivent toujours la feuille de saule, et maintenant elle est revenue sous l'arbre, et je pense que dans mon cœur le souvenir ne s'est jamais effacé.

SUR LE FLEUVE TCHOU

Selon Thou-Fou.

MON bateau glisse rapidement sur le fleuve, et je regarde dans l'eau.

Au-dessus est le grand ciel, où se promènent les nuages.

Le ciel est aussi dans le fleuve; quand un nuage passe sur la lune, je le vois passer dans l'eau;

Et je crois que mon bateau glisse sur le ciel.

Alors je songe que ma bien-aimée se reflète ainsi dans mon cœur.

LE MAUVAIS CHEMIN

Selon Tse-Tié.

J'AI vu un chemin doucement obscurci par les grands arbres, un chemin bordé de buissons en fleurs.

Mes yeux ont pénétré sous l'ombre verte et se sont promenés longuement dans le chemin.

Mais à quoi bon prendre cette route? Elle ne conduit pas à la demeure de celle que j'aime.

Quand ma bien-aimée est venue au monde, on a enfermé ses petits pieds dans des boîtes de fer; et ma bien-aimée ne se promène jamais dans les chemins.

Quand elle est venue au monde, on a enfermé son cœur dans une boîte de fer; et celle que j'aime ne m'aimera jamais.

UN JEUNE POËTE PENSE A SA BIEN-AIMÉE.

Qui habite de l'autre côté du fleuve.

Selon Sao-Nan.

LA lune monte vers le cœur du ciel nocturne et s'y repose amoureusement.

Sur le lac lentement remué, la brise du soir passe, passe, repasse en baisant l'eau heureuse.

Oh! quel accord serein résulte de l'union des choses qui sont faites pour s'unir !

Mais les choses qui sont faites pour s'unir s'unissent rarement.

L'ÉVENTAIL

Selon Tan-Jo-Su.

La nouvelle épouse est assise dans la Chambre Parfumée, où l'époux est entré la veille pour la première fois.

Elle tient à la main son éventail où sont écrits ces caractères : « Quand l'air est étouffant et le vent immobile, on m'aime et l'on me demande la fraîcheur; mais quand le vent se lève et quand l'air devient froid, on me dédaigne et l'on m'oublie. »

En lisant ces caractères, la jeune femme songe à son époux, et déjà des pensées tristes l'enveloppent.

« Le cœur de mon époux est maintenant jeune et brûlant; mon époux vient près de moi pour rafraîchir son cœur;

« Mais lorsque son cœur sera froid et tranquille, il me dédaignera peut-être et m'oubliera. »

A LA PLUS BELLE FEMME

Du Bateau des Fleurs

Selon Tché-Tsi.

JE t'ai chanté des chansons en m'accompagnant de ma flûte d'ébène, des chansons où je te racontais ma tristesse ; mais tu ne m'as pas écouté.

3

J'ai composé des vers où je célébrais ta beauté ; mais en balançant la tête tu as jeté dans l'eau les feuilles glorieuses où j'avais tracé des caractères.

Alors je t'ai donné un gros saphir, un saphir pareil au ciel nocturne, et, en échange du saphir obscur, tu m'as montré les petites perles de ta bouche.

LA MAISON DANS LE CŒUR

Selon Thou-Fou.

LES flammes cruelles ont dévoré entièrement la maison où je suis né.

Alors je me suis embarqué sur un vaisseau tout doré, pour distraire mon chagrin.

J'ai pris ma flûte sculptée, et j'ai dit une chanson à la lune; mais j'ai attristé la lune, qui s'est voilée d'un nuage.

Je me suis retourné vers la montagne, mais elle ne m'a rien inspiré.

Il me semblait que toutes les joies de mon enfance étaient brûlées dans ma maison.

J'ai eu envie de mourir, et je me suis penché sur la mer. A ce moment, une femme passait dans une barque; j'ai cru voir la lune se reflétant dans l'eau.

Si Elle voulait, je me rebâtirais une maison dans son cœur.

SUR LES BALANCEMENTS D'UN NAVIRE

Vu de la province de l'Ouest

Selon Sou-Tong-Po.

UNE vapeur bleue l'enveloppe comme une gaze légère, et une dentelle d'écume l'entoure, semblable à un rang de dents blanches.

Le soleil lentement s'élève en souriant à la mer, et la mer semble une grande étoffe de soie brodée d'or.

Les poissons viennent souffler à la surface des globules qui sont autant de perles brillantes, et les flots clairs bercent doucement le Bateau des Fleurs.

Mon cœur se tord de douleur en le voyant si éloigné de moi et retenu au rivage par une corde de soie.

Car c'est là que fleurissent les fleurs les plus éclatantes, c'est là que le vent est parfumé et que demeure le printemps.

Je vais chanter une chanson en vers, marquant la mesure avec mon éventail, et la première hirondelle qui passera, je la prierai d'emporter là-bas ma chanson.

Et je vais jeter dans la mer une fleur que le vent poussera jusqu'au navire.

La petite fleur, quoique morte, danse légèrement sur l'eau; mais moi je chante avec
l'âme désolée.

LA LUNE

玩 月 談 情 詩 詞

LE FLEUVE PAISIBLE

Selon Than-Jo-Su.

Tant qu'un homme reste sur la terre, il voit la Lune toujours pure et brillante.

Comme un fleuve paisible suit son cours, chaque jour elle traverse le ciel.

Jamais on ne la voit s'arrêter ni revenir en arrière.

Mais l'homme a des pensées brèves et vagabondes.

LE CLAIR DE LUNE DANS LA MER

Selon Li-Su-Tchou.

L<small>A</small> pleine Lune vient de sortir de l'eau. La mer ressemble à un grand plateau d'argent.

Sur un bateau quelques amis boivent des tasses de vin.

En regardant les petits nuages qui se balancent sur la montagne, éclairés par la Lune,

Quelques-uns disent que ce sont les femmes de l'Empereur qui se promènent vêtues de blanc;

Et d'autres prétendent que c'est une nuée de cygnes.

L'ESCALIER DE JADE

Selon Li-Taï-Pé.

Sous la douce clarté de la pleine Lune, l'Impératrice remonte son escalier de jade, tout brillant de rosée.

Le bas de la robe baise doucement le bord des marches; le satin blanc et le jade se ressemblent.

Le clair de Lune a envahi l'appartement de l'Impératrice; en passant la porte, elle est tout éblouie;

Car, devant la fenêtre, sur le rideau brodé de perles de cristal, on croirait voir une société de diamants qui se disputent la lumière;

Et, sur le parquet de bois pâle, on dirait une ronde d'étoiles.

UN POËTE REGARDE LA LUNE

Selon Tan-Jo-Su.

DE mon jardin j'entends chanter une femme, mais malgré moi je regarde la Lune.

Je n'ai jamais pensé à rencontrer la femme qui chante dans le jardin voisin ; mon regard suit toujours la Lune dans le ciel.

Je crois que la Lune me regarde aussi, car
un long rayon d'argent arrive jusqu'à mes
yeux.

Les chauves-souris le traversent de temps
en temps et me font brusquement baisser les
paupières; mais lorsque je les relève, je vois
le regard d'argent toujours dardé sur moi.

La Lune se mire dans les yeux des poëtes
comme dans les écailles brillantes des dra-
gons, ces poëtes de la mer.

SUR LA RIVIÈRE BORDÉE DE FLEURS

Selon Tan-Jo-Su.

Un seul nuage se promène dans le ciel; ma barque est seule sur le fleuve.

Mais voici la Lune qui se lève dans le ciel et dans le fleuve;

Le nuage est moins sombre, et moi je
suis moins triste dans ma barque solitaire.

PROMENADE LE SOIR DANS LA PRAIRIE

Selon Thou-Fou.

LE soleil d'automne a traversé la prairie en venant de l'est ; maintenant il glisse derrière la grande montagne de l'ouest.

Il reste une lueur dans le ciel ; sans doute le jour se lève de l'autre côté de la montagne.

Les arbres sont couverts de rouille, et le vent froid du soir décroche les dernières feuilles.

Une cigogne veuve regagne son nid solitaire, tristement et lentement, comme si elle espérait encore voir revenir celui qui ne reviendra plus,

Et les corbeaux font un grand bruit autour des arbres, pendant que la Lune commence à s'allumer pour la nuit.

AU BORD DU PETIT LAC

Selon Tan-Jo-Su.

LE petit lac s'enfuit poursuivi par le vent, mais bientôt il revient sur ses pas.

Les poissons sautent par moment hors de l'eau : on croirait que ce sont les nénuphars qui s'épanouissent.

La Lune, adoucie par les nuages, se fait un
chemin à travers les branches,

Et la gelée blanche change en perles les
diamants de la rosée.

PRÈS DE L'EMBOUCHURE DU FLEUVE

Selon Li-Taï-Pé.

LES petites vagues brillent au clair de Lune qui change en argent le vert limpide de l'eau; et l'on croirait voir mille poissons courir vers la mer.

Je suis seul dans mon bateau qui glisse le long du rivage; quelquefois j'effleure l'eau avec mes rames; la nuit et la solitude me remplissent le cœur de tristesse.

Mais voici une touffe de nénuphars avec ses fleurs semblables à de grosses perles; je les caresse doucement de mes rames.

Le frémissement des feuilles murmure avec tendresse, et les fleurs, inclinant leurs petites têtes blanches, ont l'air de me parler.

Les nénuphars veulent me consoler; mais déjà, en les voyant, j'avais oublié ma tristesse.

UNE FEMME DEVANT SON MIROIR

Selon Tan-Jo-Su.

Assise devant son miroir, elle regarde le clair de Lune.

Le store baissé entrecoupe la lumière ; dans la chambre on croirait voir du jade brisé en mille morceaux.

Au lieu de peigner ses cheveux, elle relève le store en fils de bambou, et le clair de Lune apparaît plus brillant ,

Comme une femme vêtue de soie qui laisse tomber sa robe.

L'AUTOMNE

L'AUTOMNE

秋 詩 遊 景 快 樂

LES CHEVEUX BLANCS

Selon Tin-Tun-Ling.

Les sauterelles vertes poussent en même temps que le blé; ainsi, dans la belle saison, les jeunes gens boivent et folâtrent.

Mais ceux dont l'esprit s'élève deviennent bientôt tristes, car les nuages noirs se balancent à moitié chemin du ciel.

Les hirondelles noires s'en vont ; les cigognes blanches arrivent ; ainsi les cheveux blancs suivent les cheveux noirs ;

Et c'est une règle unique sur toute la terre, comme il n'y a qu'une lune dans le ciel.

LE CORMORAN

Selon Sou-Tong-Po.

SOLITAIRE et immobile, le cormoran d'automne médite au bord du fleuve, et son
œil rond suit la marche de l'eau.

Si quelquefois un homme se promène sur
le rivage, le cormoran s'éloigne lentement en
balançant la tête ;

7

Mais, derrière les feuilles, il guette le départ du promeneur, car il aspire à voir encore les ondulations du courant monotone;

Et, la nuit, lorsque la lune brille sur les vagues, le cormoran médite, un pied dans l'eau.

Ainsi l'homme qui a dans le cœur un grand amour suit toujours les ondulations d'une même pensée.

PENDANT QUE JE CHANTAIS LA NATURE

Selon T'hou-Fou.

Assis dans mon pavillon du bord de l'eau, j'ai regardé la beauté du temps ; le soleil marchait lentement vers l'occident au travers du ciel limpide.

Les navires se balançaient sur l'eau, plus légers que des oiseaux sur les branches, et le soleil d'automne versait de l'or dans la mer.

J'ai pris mon pinceau, et, penché sur le papier, j'ai tracé des caractères semblables à des
cheveux noirs qu'une femme lisse avec la
main ;

Et, sous le soleil d'or, j'ai chanté la beauté
du temps.

Au dernier vers, j'ai relevé la tête ; alors
j'ai vu que la pluie tombait dans l'eau.

LE SOIR D'AUTOMNE

Selon Tché-Tsi.

LA vapeur bleue de l'automne s'étend sur le fleuve; les petites herbes sont couvertes de gelée blanche,

Comme si un sculpteur avait laissé tomber sur elles de la poussière de jade.

Les fleurs n'ont déjà plus de parfums; le vent du nord va les faire tomber, et bientôt les nénuphars navigueront sur le fleuve.

Ma lampe s'est éteinte d'elle-même, la soirée est finie, je vais aller me coucher.

L'automne est bien long dans mon cœur, et les larmes que j'essuie sur mon visage se renouvellent toujours.

Quand donc le soleil du mariage viendra-t-il sécher mes larmes ?

PENSÉES D'AUTOMNE

Selon Thou-Fou.

Voici les tristes pluies ; on dirait que le ciel pleure le départ du beau temps.

L'ennui couvre l'esprit comme un voile de nuages, et nous restons tristement assis à l'intérieur.

C'est le moment de laisser tomber sur le papier la poésie amassée pendant l'été; ainsi, des arbres, les fleurs mûres tombent.

Allons, je tremperai mes lèvres dans ma tasse chaque fois que j'imbiberai mon pinceau,

Et je ne laisserai pas ma rêverie s'en aller, semblable à un filet de fumée, car le temps s'envole plus vite que l'hirondelle.

LE CŒUR TRISTE AU SOLEIL

Selon Su-Tchou.

LE vent d'automne arrache les feuilles des arbres et les disperse sur la terre.

Je les regarde s'envoler sans regret, car seul je les ai vues venir, et seul je les vois partir.

La tristesse projette son ombre sur mon cœur, comme les hautes montagnes font la nuit dans la vallée.

Les souffles d'hiver changent l'eau en pierre brillante; mais au premier regard de l'été elle redeviendra cascade joyeuse.

Quand l'été sera de retour, j'irai m'asseoir sur la plus haute roche, pour voir si le soleil fera fondre mon cœur.

PENSÉE ÉCRITE SUR LA GELÉE BLANCHE

Selon Haon-Ti.

LA gelée blanche recouvre entièrement les arbustes ; ils ressemblent aux visages poudrés des femmes.

Je les regarde de ma fenêtre, et je pense que l'homme, sans les femmes, est comme une fleur dépouillée de feuillage.

Et pour chasser la tristesse amère qui m'en-
vahit,

Avec mon souffle, j'écris ma pensée sur la
gelée blanche.

TRISTESSE DU LABOUREUR

Selon Sou-Tong-Po.

LA neige est descendue légèrement sur la terre, comme une nuée de papillons.

Le laboureur a posé sa bêche, et il lui semble que des fils invisibles serrent son cœur.

Il est triste, car la terre était son amie, et lorsqu'il se penchait sur elle pour lui confier la graine pleine d'espérance, il lui donnait aussi ses pensées secrètes.

Et plus tard, lorsque la graine avait germé, il retrouvait ses pensées tout en fleur.

Et maintenant la terre se cache sous un voile de neige.

LE PAVILLON DU JEUNE ROI

Selon Ouan-Po.

LE jeune roi de Teng habitait près du grand fleuve un pavillon gracieusement découpé.

Le roi était vêtu de satin, et des ornements de jade se balançaient à sa ceinture.

Mais maintenant les robes de satin dorment dans des coffres d'ébène et les ornements de jade sont immobiles; on ne voit plus entrer dans le pavillon que les vapeurs bleues du matin et la pluie qui pleure le soir.

Les nuages roulent dans le ciel, noircissant l'eau limpide; car le roi est parti. Ainsi la lune traverse le ciel et disparaît.

Et les automnes se suivent tristement. Où donc le roi est-il allé? Autrefois il admirait le fleuve; l'eau vibrante n'a pas gardé le reflet de ses yeux, et lui, maintenant, garde-t-il le souvenir du fleuve?

LES PETITES FLEURS SE MOQUENT

DES GRAVES SAPINS

Selon Tin-Tun-Ling.

Sur le haut de la montagne, les sapins demeurent sérieux et hérissés; au bas de la montagne, les fleurs éclatantes s'étalent sur l'herbe.

En comparant leurs fraîches robes aux vêtements sombres des sapins, les petites fleurs se mettent à rire.

Et les papillons légers se mêlent à leur gaieté.

Mais, un matin d'automne, j'ai regardé la montagne : les sapins, tout habillés de blanc, étaient là, graves et rêveurs.

J'ai eu beau chercher au bas de la montagne, je n'ai pas vu les petites fleurs moqueuses.

PAR UN TEMPS TIÈDE

Selon Ouan-Tchan-Lin.

LES jeunes filles d'autrefois sont assises dans le bosquet fleuri et parlent bas entre elles.

« On prétend que nous sommes vieilles et que nos cheveux sont blancs ; on dit aussi que notre visage n'est plus resplendissant comme la lune.

« Qu'en savons-nous ? C'est peut-être une médisance ; on ne peut pas se voir soi-même.

« Qui nous dit que l'hiver n'est pas de l'autre côté du miroir, obscurcissant nos traits et couvrant de gelée blanche nos chevevelures ? »

LE SOUCI D'UNE JEUNE FILLE

Selon Han-Ou.

L<small>A</small> lune éclaire la cour intérieure, je passe la tête par ma fenêtre et je regarde les marches de l'escalier.

Je vois le reflet du feuillage et aussi l'ombre agitée de la balançoire que le vent secoue.

Je rentre et je me couche dans mon lit treillagé; la fraîcheur de la nuit m'a saisie; je tremble dans ma chambre solitaire.

Et voici que j'entends tomber la pluie dans le lac! Demain mon petit bateau sera mouillé; comment ferai-je pour aller cueillir les fleurs de nénuphar?

LES VOYAGEURS

遊 花 舶 觀 娥 詞

L'EXILÉ

Selon Sou-Tong-Po.

Les jeunes gens portent volontiers des costumes aux couleurs joyeuses ; les uns ont des robes roses, d'autres ont des robes vertes,

De même qu'au retour du jeune printemps les jardins resplendissent d'herbes nouvelles et de pêchers en fleurs ;

Mais celui qui voyage loin de son pays, bien qu'il soit jeune encore, est toujours vêtu d'une robe noire.

L'AUBERGE

Selon Li-Taï-Pé.

J<small>E</small> me suis couché dans ce lit d'auberge; la lune, sur le parquet, jetait une lueur blanche,

Et j'ai d'abord cru qu'il avait neigé sur le parquet.

J'ai levé la tête vers la lune claire, et j'ai songé aux pays que je vais parcourir et aux étrangers qu'il me faudra voir.

Puis j'ai baissé la tête vers le parquet, et j'ai songé à mon pays et aux amis que je ne verrai plus.

LE GROS RAT

Selon Sao-Nan.

Grot! énorme rat! ne ronge pas tout mon grain, rat cruel et dévorateur !

Depuis trois ans je subis la férocité de tes dents aiguës, et j'ai vainement tenté de t'adoucir par des supplications.

Mais enfin je partirai, et je te fuirai, et j'irai me bâtir une maison dans un pays lointain,

Dans un pays lointain et heureux, où les remords ne sont pas éternels !

UN NAVIRE A L'ABRI DU VENT CONTRAIRE

Selon Sou-Tong-Po.

L ES voiles tombent lourdement le long du mât, le vent joue de la flûte avec fureur.

De tous côtés, en écumant, les vagues battent le navire; on dirait qu'il est posé au milieu d'une grande fleur blanche.

L'ancre, au bout de sa chaîne, descend dans l'eau et s'accroche aux rochers ; de mille et mille lieues le vent se lance contre elle, et ils luttent ensemble.

On dirait que la mer veut escalader la montagne pour atteindre le ciel ; par moments le ciel et la mer paraissent se rejoindre.

Les marins oisifs dorment dans le navire, calmes sur l'océan furieux. Cependant le cœur aussi a ses vents contraires et ses orages.

Lorsque le temps nous permettra de repartir, j'écrirai ma pensée sur le flanc de la montagne.

LA FLUTE D'AUTOMNE

Selon Thou-Fou.

Pauvre voyageur, loin de la patrie, sans argent et sans amis, tu n'entends plus la douce musique de la langue maternelle.

Cependant l'été est si brillant, la nature étale tant de richesse, que tu n'es pas pauvre; et le chant des oiseaux n'est pas pour toi une langue étrangère.

11

Mais lorsque tu entendras le cri de la cigale, cette flûte de l'automne, quand tu verras les nuages roulés par le vent dans le ciel, ta douleur n'aura plus de bornes,

Et, mettant la main sur tes yeux, tu laisseras ton âme s'enfuir vers la patrie.

EN ALLANT A TCHI-LI

Selon Tse-Tié.

JE me suis assis au bord de la route, sur un arbre renversé, et j'ai regardé la route qui continuait à s'en aller vers Tchi-Li.

Ce matin le satin bleu de mes souliers brillait comme de l'acier, et l'on pouvait suivre le dessin des broderies noires.

Maintenant mes souliers sont cachés sous la poussière.

Quand je suis parti, le soleil riait dans le ciel, les papillons voltigeaient autour de moi, et je comptais les marguerites blanches répandues dans l'herbe comme des poignées de perles.

Maintenant c'est le soir, et il n'y a plus de marguerites.

Les hirondelles glissent rapidement à mes pieds, les corbeaux s'appellent pour se coucher, et je vois des laboureurs, leur natte roulée autour de la tête, regagner les prochains villages.

Mais moi j'ai encore une longue route à parcourir.

Avant d'arriver à Tchi-Li, je veux composer une pièce de vers, une pièce de vers triste comme mon esprit sans compagnon,

Et dans un rhythme difficile, dans un rhythme très-difficile, afin que la route d'ici à Tchi-Li me paraisse trop courte.

LE VIN

談 酒 作 樂 提 詩

AU MILIEU DU FLEUVE

Selon Tchan-Oui.

Dans mon bateau, que le fleuve balance sans brusquerie, je me promène tant que le jour dure,

Et je regarde l'ombre des montagnes dans l'eau.

Je n'ai plus d'autre amour que l'amour du vin, et ma tasse pleine est en face de moi. Aussi mon cœur est rempli de gaîté.

Autrefois il y avait dans mon cœur plus de mille chagrins; mais, à présent,

Je regarde l'ombre des montagnes dans l'eau.

POUR OUBLIER SES PENSÉES

Selon Ouan-Oui.

RÉJOUISSONS-NOUS ensemble et remplissons de vin tiède nos tasses de porcelaine.

Le frais printemps s'éloigne, mais il reviendra; buvons tant que nos lèvres auront soif,

Et peut-être oublierons-nous que nous
sommes à l'hiver de notre âge,

Et que les fleurs se fanent.

PENSÉES DU SEPTIÈME MOIS

Selon Li-Taï-Pé.

Au milieu des fleurs de mon jardin, je songe en buvant un vin frais et transparent comme le jade.

Le vent me caresse doucement les joues et rafraîchit l'air brûlant ; mais, quand l'hiver viendra, comme je ramènerai mon manteau !

La femme, dans la splendeur de sa beauté, est pareille au vent tiède d'août : elle rafraîchit et parfume notre vie ;

Mais, lorsque la soie blanche de l'âge couvre sa tête, nous la fuyons comme le vent d'hiver.

CHANSON SUR LE FLEUVE

Selon Li-Taï-Pé.

Mon bateau est d'ébène; ma flûte de jade est percée de trous d'or.

Comme la plante qui enlève une tache sur une étoffe de soie, le vin efface la dispute dans le cœur.

Quand on possède de bon vin, un bateau gracieux et l'amour d'une jeune femme, on est semblable aux Génies immortels.

LE PAVILLON DE PORCELAINE

Selon Li-Taï-Pé.

Au milieu du petit lac artificiel s'élève un pavillon de porcelaine verte et blanche; on y arrive par un pont de jade qui se voûte comme le dos d'un tigre.

Dans ce pavillon quelques amis vêtus de robes claires boivent ensemble des tasses de vin tiède.

Ils causent gaiement ou tracent des vers
en repoussant leurs chapeaux en arrière, en
relevant un peu leurs manches,

Et, dans le lac où le petit pont renversé
semble un croissant de jade, quelques amis
vêtus de robes claires boivent, la tête en bas,
dans un pavillon de porcelaine.

LES TROIS FEMMES DU MANDARIN

Selon Sao-Nan.

L'Épouse légitime

IL y a du vin dans la tasse, et dans le plat il y a des nids d'hirondelles. Depuis les temps les plus reculés, un mandarin a toujours respecté son épouse légitime.

La Concubine

Il y a du vin dans la tasse, et dans le plat il y a une oie bien grasse. Quand la femme d'un mandarin ne lui donne pas d'enfants, le mandarin choisit une concubine.

La Servante

Il y a du vin dans la tasse, et dans le plat il y a des confitures variées. Il importe peu à un mandarin qu'une femme soit épouse ou concubine, mais il veut chaque nuit une femme nouvelle.

Le Mandarin

Il n'y a plus de vin dans la tasse, et dans le plat il n'y a qu'un poireau sec. Allons, allons, femmes bavardes, ne vous moquez pas d'un pauvre vieux.

EN BUVANT DANS LA MAISON

DE THOU-FOU

Selon Tsoui-Tchou-Tchi.

J'AI rempli ma tasse jusqu'au bord d'un vin bien fabriqué, mais, quand j'ai voulu boire, ma tasse était vide, parce que le souffle de la fenêtre l'avait jetée à terre.

Quand il pleut, c'est que le vent renverse les tasses pleines des Sages immortels qui s'enivrent dans les nuages, au-dessus des montagnes;

Mais la rosée des champs et l'humidité des fleuves, aspirées par le soleil, remplissent de nouveau les grandes tasses des Génies;

Et il reste assez de vin dans la maison de Thou-Fou pour que je puisse boire encore en composant des vers à la louange des poëtes et de l'empereur Ta-Ming.

A HUIT GRANDS POETES

Qui buvaient ensemble

Selon Thou-Fou.

A Tchi-Tchan.

Tchi-Tchan, ton cheval est parti plus vite qu'un navire sous un bon vent, et ses mouvements onduleux imitaient le balancement des vagues.

Quand ton regard tombait à terre, tu reconnaissais à peine les objets, comme si tu avais ouvert les yeux au fond de l'eau;

Et tu es arrivé promptement pour boire avec tes amis.

A Ouan-Tié.

Ouan-Tié, je te conseille de rester toujours dans la ville de Ju-Ian ;

C'est là que se trouve le meilleur vin en si grande abondance qu'on croirait qu'il y en a un lac naturel ;

Et c'est là seulement que tu trouves assez de vin pour apaiser ta grande soif.

A Tso-Sian.

Tso-Sian, le vin tombe toujours de ta tasse dans ta bouche comme un torrent dans un lac.

Ton gosier est pareil au lit d'un fleuve qui coulerait entre deux montagnes, et ton ventre est l'océan où se jette le fleuve.

Tu bois le vin comme les poissons respirent l'eau : jamais les poissons n'ont trop d'eau, et ton grand esprit n'a jamais trop de vin.

A Tsoui-Tchou-Tchi.

Tsoui-Tchou-Tchi, ta tasse est beaucoup plus grande que celle des autres.

Lorsque tu renverses la tête pour boire en montrant le blanc de tes yeux, tu as le temps de voir s'il y a des nuages sur le ciel.

Ton visage est blanc comme la mousse des vagues, et tu as l'air d'un arbre de jade que le vent traverse,

Quand le vin parfumé passe entre tes lèvres.

A Li-Taï-Pé.

Li-Taï-Pé, tu soulèves ta tasse, et avant de la reposer sur la table tu as fait cent poëmes.

Tu demandes d'autre vin, mais le marchand est couché, et il n'y a plus de vin chez lui.

Le Fils du Ciel, qui passe dans son navire, te prie de venir près de lui; mais toi : « Je n'aime pas les nobles, et nous sommes là huit amis. »

Je sais que tu trouves dans le vin la félicité des Sages immortels; mais je ne le dirai pas.

A Tsou-Tié.

Tsou-Tié, tu loges dans la grande pagode; jamais tu ne manges de viande, et tu ne bois de vin qu'avec modération;

Mais tu aimes la société des poëtes, quoique tu ne fasses pas de vers, et chacune de tes paroles est une poésie.

A Tan-Jo-Su.

Tan-Jo-Su, après que tu as bu trois tasses tu commences à méditer ;

Contre les rites, tu retires ton chapeau et tu te mets à écrire ;

Et les caractères apparaissent si rapidement sur le papier que l'on dirait voir de la fumée s'échapper de ton pinceau.

A Tio-Soui.

Tio-Soui, déjà tu as bu cinq tasses, et tu n'écris pas de vers.

Tes paroles bruyantes réveillent tes amis de leur rêverie comme le vent écarte un nuage.

Déjà ils se lèvent de leurs siéges. Cesse de boire, toi qui bois depuis si longtemps; car il faut décidément partir d'ici.

LA GUERRE

織 錦 回 文 給 詩

L'ÉPOUX D'UNE JEUNE FEMME

S'arme pour le combat

Selon Thou-Fou.

ALLONS, femme, pique ta longue aiguille dans la soie rouge du métier, et apporte ici mes armes guerrières.

Croise toi-même sur mes reins les deux larges sabres, et qu'on voie leurs poignées tranquilles dépasser mes épaules.

Et pendant que, tenant fièrement ma lance, ma lance dont la pointe claire fait de si souriantes blessures aux vaincus,

Pendant que, ma lance à la main, je te regarde agenouillée près de moi,

Accroche à ma ceinture l'arc souple d'où s'élanceront bientôt mille flèches sifflantes qui, décrivant dans l'air une courbe gracieuse, iront se fixer en frémissant dans la chair sanglante.

Et maintenant tremble et éloigne-toi, car voici le visage terrible que j'offrirai aux ennemis!

LE DÉPART DU GRAND CHEF

Selon Thou-Fou.

L E grand Chef a quitté tristement son amie ; il est sorti par la grande porte de la ville et s'en est allé dormir dans sa tente, où il rêve à son amie.

Tout à coup, un bruit semblable à celui des feuilles mortes remuées par le vent d'automne le réveille, et il se soulève sur son coude.

C'est la robe de soie de son amie qui imite le bruit des feuilles mortes remuées par le vent d'automne, de son amie qui est venue le rejoindre.

« J'avais perdu mon âme, et subitement elle m'est rendue. Je suis plus surpris que si les neiges de la montagne de l'Ouest s'étaient tout à coup fondues. »

Ainsi parle le grand Chef, et son amie lui répond :

« Je pleurais à la fenêtre occidentale ; une hirondelle, touchée, m'a prêté ses ailes, et je suis venue avec tant de promptitude que près de moi ton cheval de bataille aurait eu la marche des tortues. »

LES ADIEUX

Selon Roa-Li.

L E grand Chef est parti pour la guerre; avant le premier mouvement de 'son cheval, sa femme lui a donné une étoffe de soie.

« Emporte, en souvenir de moi, cette étoffe où j'ai brodé des caractères, et ne t'attarde pas trop longtemps;

« Car voici le moment de la pleine lune, et chaque jour lui ôte un morceau de sa rondeur ;

« Ainsi le temps cruel fera décroître ma beauté. »

LA FLEUR ROUGE

Selon Li-Taï-Pé.

En travaillant tristement près de ma fenêtre, je me suis piquée au doigt; et la fleur blanche que je brodais est devenue une fleur rouge.

Alors j'ai songé brusquement à celui qui est parti pour combattre les révoltés; j'ai pensé que son sang coulait aussi, et des larmes sont tombées de mes yeux.

Mais j'ai cru entendre le bruit des pas de son cheval, et je me suis levée toute joyeuse ; c'était mon cœur qui, en battant trop vite, imitait le bruit des pas de son cheval.

Je me suis remise à mon ouvrage près de la fenêtre, et mes larmes ont brodé de perles l'étoffe tendue sur le métier.

DE LA FENÊTRE OCCIDENTALE

Selon Ouan-Tchan-Lin.

A la tête de mille guerriers furieux, au bruit forcené des gongs, mon mari est parti, courant après la gloire.

J'ai d'abord été joyeuse de reprendre ma liberté de jeune fille.

Maintenant, je regarde de ma fenêtre les feuilles jaunissantes du saule; à son départ, elles étaient d'un vert tendre.

Serait-il joyeux, lui aussi, d'être si loin de moi?

LE CHIEN DU VAINQUEUR

Selon Thou-Fou.

Dans la grande guerre où j'ai combattu sous la Bannière Noire j'ai reçu une blessure, mais j'ai tué beaucoup d'ennemis.

Tout sanglant après la mêlée, j'ai parcouru le champ de bataille, suivi de mon chien qui avait combattu à côté de moi.

Et en montrant à mon chien les corps de mes victimes, je lui ai dit : « Mange ! » et en lui montrant leur sang qui coulait encore, je lui ai dit : « Bois! »

Mais la noble bête n'a point daigné toucher à ces vils cadavres de vaincus, et, se dressant, béante, sur ses pattes de derrière, jusqu'à la hauteur de ma blessure ouverte,

Elle n'était altérée que de mon propre sang victorieux et chaud qui pétillait dans la plaie comme dans une tasse rouge !

LA CIGOGNE

Selon Chen-Tué-Tsi.

O pauvres habitants de la grande Patrie du Milieu, vous êtes en proie à la guerre civile, et mon cœur pâlit de tristesse lorsque je songe à votre misère !

Vous êtes nés libres et vous êtes esclaves ; vous êtes punis quoique vous n'ayez fait aucun mal.

Quand donc viendra pour vous le jour du salut ? De quelle race est-il, l'homme choisi par le ciel pour vous tirer de peine ?

Une blanche cigogne apparaît là-bas parmi les nuages, mais on ne sait pas encore sur quelle maison elle se posera.

LES POËTES

王 君 百 勝 家 詩

LES SAGES DANSENT

Selon Li-Taï-Pé.

DANS ma flûte aux bouts de jade, j'ai chanté une chanson aux humains; mais les humains ne m'ont pas compris.

Alors j'ai levé ma flûte vers le ciel, et j'ai dit ma chanson aux Sages.

Les Sages se sont réjouis ; ils ont dansé sur les nuages resplendissants ;

Et maintenant les humains me comprennent, lorsque je chante en m'accompagnant de ma flûte aux bouts de jade.

A UN JEUNE POËTE

Selon Sao-Nan.

IMITE la lune grandissante! imite le soleil levant!

Tu seras pareil à la montagne du Sud, qui ne vacille jamais, ne s'ébranle jamais,

17

Et demeure éternellement verte comme les
pins glorieux et les cèdres !

UN POËTE RIT DANS SON BATEAU

Selon Ouan-Tié.

Le petit lac pur et tranquille ressemble à une tasse remplie d'eau.

Sur ses rives, les bambous ont des formes de cabanes, et les arbres, au-dessus, font des toitures vertes.

Et les grands rochers pointus, posés au milieu des fleurs, ressemblent à des pagodes.

Je laisse mon bateau glisser doucement sur l'eau, et je souris de voir la nature imiter ainsi les hommes.

LA FLÛTE MYSTÉRIEUSE

Selon Li-Taï-Pé.

Un jour, par-dessus le feuillage et les fleurs embaumées, le vent m'apporta le son d'une flûte lointaine.

Alors j'ai coupé une branche de saule et j'ai répondu une chanson.

Depuis, la nuit, lorsque tout dort, les oiseaux entendent une conversation dans leur
langage.

INDIFFÉRENCE AUX DOUCEURS DE L'ÉTÉ

Selon Tan-Jo-Su.

LES fleurs de pêcher voltigent comme des papillons roses ; le saule en souriant se regarde dans l'eau.

Cependant mon ennui persiste, et je ne peux pas faire de vers.

La brise d'est, qui m'apporte le parfum des pruniers, me trouve insensible.

Oh! quand la nuit viendra-t-elle me faire oublier ma tristesse dans le sommeil !

LA FEUILLE BLANCHE

Selon Tché-Tsi.

L A tête dans ma main, je regarde la feuille de papier qui reste blanche depuis que je suis là.

Je regarde aussi l'encre qui se sèche au bout de mon pinceau,

Mon esprit semble dormir ; est-ce que mon esprit ne se réveillera pas ?

Je m'en vais dans la plaine toute chaude de soleil, et je laisse mes mains traîner sur les hautes herbes.

D'un côté je vois la forêt veloutée, de l'autre les montagnes gracieuses, poudrées par la neige et à qui le soleil met du rouge.

Et je regarde aussi la marche lente des nuages, et je m'en reviens, poursuivi par l'éclat de rire des corbeaux,

M'asseoir devant la feuille de papier qui demeure blanche sous mon pinceau.

LE POËTE MONTE LA MONTAGNE

Enveloppée de brouillard

Selon Sou-Tong-Po.

JE monte sur cette haute montagne; le poil noir de mon cheval est jauni par la maladie.

Le chagrin a aussi couvert mes joues maigres d'une teinte jaune, et je monte tristement la montagne.

Je veux emplir ma gourde d'un vin de riz de bonne qualité, et voiler mes chagrins dans l'étourdissement que donne le vin.

LE POËTE SE PROMÈNE SUR LA MONTAGNE

Enveloppée de brouillard

Selon Sou-Tong-Po.

LE poëte se promène lentement sur a montagne ; au loin les pierres couvertes de brouillard lui semblent des moutons endormis.

Il est arrivé en haut très-fatigué, car il a bu beaucoup de vin ; et il se couche sur une pierre.

Les nuages se balancent au-dessus de sa tête; il les regarde se rejoindre et voiler le ciel.

Alors il chante tristement que l'automne approche, que le vent devient frais, que le printemps prochain est éloigné encore.

Et les promeneurs qui viennent admirer la beauté de la nature l'entourent en battant des mains, et ils s'écrient : « Voici assurément un homme qui est fou ! »

LE BATEAU DES FLEURS

Du faubourg de l'Ouest

Selon Thou-Fou.

Sur ce bateau est la plus belle des femmes; ses sourcils ressemblent aux cornes des papillons.

Elle improvise des vers en s'accompagnant tristement de sa flûte; et les Sages s'émeuvent dans les hautes nuées.

« Comme une fleur tombée dans la boue,
« les passants cruels m'abandonnent.

« Les blés de riz que le vent balance sont
« plus heureux que moi; lorsqu'ils entr'ou-
« vrent leurs épis, on croirait voir mon sou-
« rire;

« Mais moi, depuis longtemps, je ne souris
jamais plus.

« Et bientôt un homme, tirant par-dessus
« son épaule le cordon de soie qui attache le
« Bateau des Fleurs à la rive, conduira ma
« douleur vers un autre pays ! »

LOUANGE A LI-TAI-PÉ

Selon Thou-Fou.

La poésie est ton langage, comme le chant est celui des oiseaux.

Que ce soit à la clarté du soleil ou à l'ombre du soir, tu vois la poésie de toutes choses.

Lorsque tu bois le vin doré, sur le nuage de l'ivresse te viennent des idées de vers.

Tu es le premier des hommes, et, comme le soleil, tu répands sur eux les rayonnements de ton esprit.

De celui qui t'admire dans l'ombre, reçois cette adoration inconnue.

ENVOI A LI-TAI-PÉ

Le vingtième jour du douzième mois

Selon Thou-Fou.

Ton nom est Ti-Sié-Jen, la goutte d'eau intarissable, et tu es au rang des Sages immortels.

Le sceptre du Fils du Ciel est moins puissant que ton pinceau ; moins fort est le sabre du guerrier.

Dans le ciel pur de l'été rien ne fait présager l'orage; mais tout à coup le vent amasse des nuages, et la pluie se précipite;

De même sur le papier sans tache le souffle de ton génie fait pleuvoir de noirs caractères; ce sont les larmes de ton esprit qui coulent silencieusement de ton pinceau.

Et, lorsque la pièce de vers est finie, on entend autour de toi les murmures d'admiration des Génies invisibles.

LES CARACTÈRES ÉTERNELS

Selon Li-Taï-Pé.

Tout en faisant des vers je regarde de ma fenêtre les balancements des bambous; on dirait de l'eau qui s'agite; et les feuilles en frôlant leurs épines imitent le bruit des cascades.

Je laisse tomber des caractères sur le papier; de loin on pourrait croire que des fleurs de prunier tombent à l'envers dans de la neige.

La charmante fraîcheur des oranges man-
darines se fane lorsqu'une femme les porte
trop longtemps dans la gaze de sa manche,
de même que la gelée blanche s'évanouit au
soleil ;

Mais les caractères que je laisse tomber sur
le papier ne s'effaceront jamais.

TABLE

—

LES AMOUREUX

LA LUNE

L'AUTOMNE

LES VOYAGEURS

LE VIN

LA GUERRE

LES POËTES

Achevé d'imprimer

LE TRENTE AVRIL MIL HUIT CENT SOIXANTE-SEPT

PAR D. JOUAUST

POUR ALPHONSE LEMERRE, LIBRAIRE

A PARIS

www.ingramcontent.com/pod-product-compliance
Lightning Source LLC
Chambersburg PA
CBHW072042090426
42733CB00032B/2111